지능 UP 우리 아이 첫

숨은그림찾기

유아지능계발연구소 구성

효리원
hyoreewon.com

모두 쉿! 숨은 그림 4개를 찾아볼까요?

씽씽 카누 숨은 그림 4개를 찾아볼까요?

달콤한 사과 향 숨은 그림 4개를 찾아볼까요?

일하는 **행복** 숨은 그림 4개를 찾아볼까요?

할아버지 농장에 가요!

우리 함께 숨은 그림 5개를 찾아보아요!

햇볕이 쨍쨍! 숨은 그림 4개를 찾아볼까요?

낚시왕 **북극곰** 숨은 그림 4개를 찾아볼까요?

길을 비켜라! 숨은 그림 4개를 찾아볼까요?

시끌시끌 **곤충** 숨은 그림 4개를 찾아볼까요?

내 방도 가을 타나 봐~

우리 함께 숨은 그림 5개를 찾아보아요!

이불이 좋아! 숨은 그림 5개를 찾아볼까요?

찾았다! 보물섬 숨은 그림 5개를 찾아볼까요?

부릉부릉 산타 곰 숨은 그림 5개를 찾아볼까요?

댕댕이의 **봄날** 숨은 그림 5개를 찾아볼까요?

점박이 공룡 다 모여!

우리 함께 숨은 그림 6개를 찾아보아요!

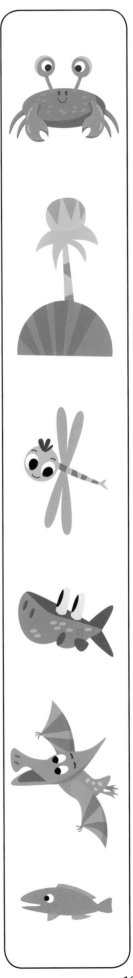

행복한 정원사 숨은 그림 5개를 찾아볼까요?

사과는 못 참지! 숨은 그림 5개를 찾아볼까요?

숲속 **주전자 카페** 숨은 그림 5개를 찾아볼까요?

요정이 훨훨! 숨은 그림 5개를 찾아볼까요?

쌔근쌔근 아기 방

우리 함께 숨은 그림 6개를 찾아보아요!

공룡의 점심식사 숨은 그림 6개를 찾아볼까요?

수줍은 고백 숨은 그림 6개를 찾아볼까요?

텀벙텀벙 물놀이 숨은 그림 6개를 찾아볼까요?

우아한 산책 숨은 그림 6개를 찾아볼까요?

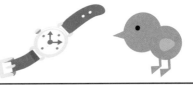

새로 이사 왔어요!

우리 함께 숨은 그림 7개를 찾아보아요!

눈꺼풀이 스르르~ 숨은 그림 6개를 찾아볼까요?

     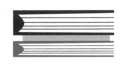

펑펑 눈이 와요! 숨은 그림 6개를 찾아볼까요?

요리가 재밌어! 숨은 그림 6개를 찾아볼까요?

우당탕탕 닭장 숨은 그림 6개를 찾아볼까요?

카우보이 소녀의 한때

우리 함께 숨은 그림 7개를 찾아보아요!

푸른 초원과 동물 농장

우리 함께 숨은 그림 8개를 찾아보아요!

크아아앙 공룡 시대

우리 함께 숨은 그림 8개를 찾아보아요!

숨은그림찾기 정답

2쪽

3쪽

4쪽

5쪽

6~7쪽

8쪽

9쪽

10쪽

11쪽

12~13쪽

14쪽

15쪽

16쪽

17쪽

18~19쪽

20쪽

21쪽

22쪽

23쪽

24~25쪽

43

26쪽

27쪽

28쪽

29쪽

30~31쪽

32쪽

33쪽

34쪽

35쪽

36~37쪽

38~39쪽

40~41쪽